꼭꼭 씹어 먹는 국어

5 다양한 글 맛있게 먹기

_ 일기·편지·독서 감상문 쓰기

※ 2022년 개정 국어 교과 연계 ※

1학년 2학기 2단원 그림일기 쓰는 방법 알기

2학년 1학기 8단원 다양한 작품 감상하기

2학년 2학기 8단원 겪은 일을 시나 노래로 표현하기

3학년 1학기 3단원 독서 감상문 쓰기

3학년 2학기 6단원 재미나 감동을 느끼며 작품 감상하기

4학년 1학기 5단원 독서 감상문 쓰기

4학년 2학기 4단원 작품을 읽고 생각이나 느낌 나누기

문해력 키우기

꼭꼭 씹어 먹는 국어

5

다양한 글 맛있게 먹기

_ 일기·편지·독서 감상문 쓰기

글 박현숙

그림 이영림

Specialbooks Junior
특서주니어

차례

일기장
일기장

일기 쓰기는 어려워

보라는 얄밉다.

보라는 잘난 척을 잘한다. 자기가 뭐든 잘하고 되게 예쁜 줄 아는 아이다. 얄미운 아이 뽑는 대회가 있으면 보라가 일등일 거다.

문제는 이렇게 얄미운 보라와 내가 같은 반이라는 거다. 거기에다 보라네 집은 바로 우리 앞집이다. 우리 아빠와 보라 아빠는 고등학교 때부터 친구였고 같은 대학교에 다녔고 지금은 같은 회사에서 일한다. 그래서 보라 가족과 우리 가족은 함께하는 게 많다.

오늘도 보라 때문에 기분이 별로다. 보라가 글쓰기 대회에서 상을 받았다. 얼마나 잘난 척을 하는지 두 눈

뜨고 볼 수 없을 정도였다.

"앗! 잠깐만요."

내가 뛰자 손에 든 핫도그가 뱅글뱅글 돌아갔다. 닫히려던 엘리베이터 문이 스르르 열렸다. 나는 바람처럼 빠르게 엘리베이터 안으로 뛰어들었다.

"아휴. 큰일날 뻔……."

나는 핫도그를 베어 물다 멈칫했다. 보라가 엘리베이터에 타고 있었다.

"핫도그 소스가 바닥에 떨어지잖아. 이러니까 엘리베이터 안에서 냄새가 나는 거야. 이것 좀 봐. 아휴."

보라는 코를 잡아 쥐었다. 나는 발로 소스를 문질렀다. 그러자 보라는 얼굴을 더 찡그렸다.

"왜 이렇게 늦었어?"

엘리베이터 앞에 우리 엄마와 보라 엄마가 서 있었다.

"엄마. 나 저번에 글쓰기 대회에 보낸 글 있잖아, 그거 상 받았어. 다음 달에 더 큰 대회가 있대. 그래서 남아서 글쓰기 연습하고 왔어. 성민이는 일기 숙제 안 해

가서 일기 쓰고 왔고."

보라는 자랑스럽게 말했다.

"요즘은 일기 쓰는 걸 시키지 않는 학교도 많은데 성민이 선생님은 유별나셔. 왜 그렇게 일기 쓰는 걸 강조하시는지 몰라."

보라 엄마가 말했다.

"일기를 꾸준히 쓰면 좋은 점이 얼마나 많은……."

"성민아, 빨리 들어가자. 간식 먹고 학원 가야지?"

엄마는 보라 말을 자르며 내 팔을 잡아끌었다.

"나, 오늘 학원 안 가는 날이란 말이야."

나는 엄마에게 질질 끌려가다 핫도그를 놓치고 말았다.

"아악. 더러워."

보라가 비명을 질렀다. 엄마가 얼른 핫도그를 집어 들고 현관문을 열었다. 그러고는 나를 현관 안으로 밀어 넣었다.

"좀 잘해. 내가 아주 너 때문에 창피해서 못 살겠어.

보라는 뭐든 다 잘하는데 너는 왜 그래? 그깟 일기 왜 못 써? 하루 중 가장 기억에 남는 일을 솔직하게 쓰면 되는 거지. 아. 답답해."

엄마는 한숨을 내쉬었다.

얄미운 보라

동우가 교문 앞을 서성거리고 있었다. 동우도 일기를 써 오지 않은 게 분명했다.

"너는 썼어?"

동우가 나를 보자마자 달려와 물었다. 그럴 리가. 어젯밤에 쓰려고 마음은 먹었지만 쓸 말이 없었다. 나는 고개를 저었다.

"큰일났다."

동우는 얼굴을 있는 대로 찡그렸다.

"왜 우리 선생님은 자꾸 일기를 쓰라고 그러는 걸까? 다른 반 선생님은 안 그런데. 아, 진짜 일기를 누가 만든 거야? 일기 없는 별은 없나? 그런 별이 있다면 이사 가고 싶어."

동우가 말도 안 되는 소리를 했다.

나는 교실로 들어가자마자 일기장을 꺼냈다. 몇 줄이라도 쓰려고 말이다.

“야, 너만 쓰면 어떻게 해. 나도 써야겠다.”

동우가 일기장을 들고 내 옆에 앉았다. 내가 쓰면 베껴 쓰려고 그러는 거 같았다.

“아아, 하나도 생각 안 나.”

나는 머리를 흔들었다. 텅 빈 냉장고처럼 머릿속에서 꺼낼 게 없었다.

“일기를 왜 못 써? 얼마나 쉬운데. 나는 세상에서 일기 쓰기가 가장 쉬워. 한심하다, 한심해.”

보라가 지나가다 나와 동우를 번갈아 보며 말했다.

나는 보라가 세상에서 가장 얄밉다. 보라가 다른 곳으로 이사를 가면 좋겠다.

일기여
영원히 안녕~

나도 모르게 일기장에 이렇게 썼다.

"보라가 세상에서 가장 얄밉다고? 나도."

동우가 큰 소리로 말했다. 보라가 획 돌아봤다. 아이들 눈도 모두 나와 동우에게 쏠렸다. 보라가 달려와 내 일기장을 낚아채듯 빼앗아 갔다.

"흥."

보라가 내 일기장을 내던졌다. 일기장은 교실 바닥에 떨어졌다. 하필이면 그때 동우가 자기 자리로 돌아가다 내 일기장을 밟고 말았다.

"너, 진짜."

나는 두 주먹을 불끈 쥐고 보라를 쏘아봤다. 그때 수업을 시작하는 종이 울렸다.

나와 동우만 일기를 써 오지 않았다.

"오늘 남아서 일기 쓰고 가세요."

선생님이 말했다.

"둘 다 한심해."

보라가 또 한심하다는 말을 했다.

나와 동우는 점심도 먹지 않았다. 식판을 앞에 놓고 멍하니 앉아 있었다. 동우는 다른 아이들보다 학교에서 늦게 나가는 건 슬픈 일이라고 했다. 나도 그런 생각이 들었다.

"일기를 잘 쓰게 도와주는 책 같은 거 없을까? 별별 책이 다 있는데 그런 책도 있을 수 있잖아?"

나는 동우 말에 머릿속이 환해졌다. 나와 동우는 얼른 식판을 정리하고 도서관으로 갔다.

"헉."

도서관으로 들어서던 나는 놀라서 걸음을 멈췄다. 보라가 사서 선생님과 이야기를 나누고 있었다. 보라는 나와 동우를 보더니 턱을 치켜들며 도서관에서 나갔다. 그냥 나가면 되는 거지 턱은 왜 치켜든담.

"선생님. 일기 잘 쓸 수 있게 도와주는 책 좀 없어요?"

동우가 사서 선생님에게 물었다.

"당연히 있지. 일기를 잘 쓰면 다른 글도 자연스럽게 잘 쓰게 된단다."

사서 선생님은 『일기 엄청 잘 쓰는 방법』이라는 책을 찾아 주었다.

"뭐야? 맨날 선생님이랑 엄마가 하는 말만 잔뜩 쓰여 있네."

나와 동우는 책을 보고 실망했다. 오늘 있었던 일을 떠올리며 느낀 점이나 생각을 솔직히 써라! 어른들은 이

런 말밖에 못하는 거 같다. 책을 쓴 작가도 어른이 아니랄까 봐 같은 말만 써 있었다.

"그냥 가자. 읽어 봤자 시간만 허비하는 거야."

나와 동우는 자리를 박차고 일어났다.

일기와 친구 되기

"읽지도 않고 그냥 가려고? 사실 일기 쓰는 건 어렵지 않아. 나도 어렸을 적에 일기를 참 못 썼는데 어느 날부터 잘 쓰게 되었지. 방법을 알고부터 말이야. 나는 '일기의 여왕'이라는 별명도 가지고 있었단다."

책을 반납하자 사서 선생님은 안타까운 표정으로 말했다.

"진짜요? 진짜 일기의 여왕이셨어요? 와. 그렇게 어려운 걸 어떻게 잘 쓰셨어요?"

나는 진심으로 감탄했다.

"호호호, 절대 어렵지 않아."

"절대 어렵지 않다고요? 어른들은 왜 다 그렇게 말씀

하시지요?"

동우가 콧잔등을 찡그렸다.

"내가 일기 쓰는 방법을 가르쳐 줄까? 수업 끝나고 올 수 있는 날에 도서관으로 오면 가르쳐 줄게. 학교 학생들이 글쓰기에 관심을 갖게 하는 것! 이것도 내가 할 일이거든. 어때?"

"진짜요?"

나와 동우는 서로를 마주 봤다. 동우가 눈빛으로 '할까?'하고 물었다. 나도 눈빛으로 '좋아'라고 대답했다. 우리는 동시에 고개를 끄덕였다.

수업이 끝나고 동우와 나는 도서관으로 갔다.

"선생님이 일기를 왜 쓰라고 하실까? 좋은 점이 있으니까 쓰라고 하시겠지?"

사서 선생님이 말했다.

"좋은 점은 무슨."

동우가 입을 삐죽거렸다.

"아까도 선생님이 말했잖아? 일기를 잘 쓰면 다른 글

도 잘 쓰게 된다고. 요즘 아이들은 글쓰는 걸 되게 어려워 해. 글은 하루 아침에 잘 쓰게 되는 게 아니란다. 습관과 훈련이 필요하지. 일기는 그런 점에서 아주 훌륭한 선생님이야. 저쪽에 앉자."

나와 동우는 사서 선생님이 가리킨 자리에 앉았다.

"일기는 글쓰기 실력을 쑥쑥 자라게 해 줄 뿐 아니라 내가 주인공이 되는 나만의 기록이야. 오늘 겪은 일과 생각 그리고 느낀 점을 솔직하게 쓰는 글이지. 잘못한 일을 반성하거나 잘한 일을 되새길 수 있어. 나중에 오늘 있었던 일을 잘 알 수도 있지."

"아휴. '솔직하게'라는 말이랑 '반성'이라는 말은 지겨워요. 일기에 쓸 말도 없다고요."

동우 한숨 소리에 도서관 천장이 날아갈 거 같았다.

"쓸 게 없다, 쓸 게 없다, 이러면 더 생각이 나지 않는 법이야. 일단 쉽게 생각해 보자. 일기에는 기본으로 적어야 할 것들이 있어."

사서 선생님은 화이트보드에 '날짜, 날씨, 제목'을 또

박또박 적었다.

*** 일기 쓸 때 잊지 마세요.**

1. 날짜

일기는 자신의 생활을 기록하는 글이에요. 이런 기록에는 날짜가 들어가야 나중에 봐도 언제 있었던 일인지 알 수 있어요. 조금 응용해도 좋아요. 예를 들면 날짜 옆에 내가 태어난지 며칠째인지 써 주는 거예요.

예 0월 0일 0요일(내가 태어난지 0000일째)

2. 날씨

날씨는 일기 쓴 날을 더욱 생생하게 기억할 수 있도록 해 줘요. '맑음', '비'처럼 간단하게 쓰는 것보다 재미있고 자세하게 날씨를 표현해 보면 더 좋아요.

예 손이 꽁꽁! 발이 꽁꽁!/ 푹푹 찌는 찜통더위

3. 제목

내용을 한눈에 알 수 있게 적어 줘요.

예 학원 가기 싫은 날/ 줄넘기 100개 성공!/ 엄마표 된장국 최고!

"일기 쓸 때 이 세 가지를 기억해 둬. 참, 일기장에 이름도 붙여 주자."

"크, 일기장에 이름을 왜 붙여요?"

나는 사서 선생님 말에 웃음이 터졌다.

"일기와 친구가 되는 단계야. 일기장은 나만의 공간이기 때문에 이름을 붙여 주면 좀 더 가까워진 기분이 들 거야. 성민이는 일기장 이름을 뭐라고 할래?"

"음. 나만의 공간이니까 제 이름을 넣어야 할 거 같아요. '일기 왕자 성민이의 하루' 어때요? 선생님은 일기의 여왕, 저는 일기 왕자. 크."

"야, 네가 왕자면 나는 대왕이다."

동우가 말했다.

"좋아, 좋아. 왕자도 좋고 대왕도 좋아. 선생님이 약속하나 할게. 일기 왕자와 일기 대왕이 되는 날에 선생님이 비밀 하나 가르쳐 줄게."

"비밀이요? 뭔데요?"

비밀이라는 말에 동우 눈이 반짝거렸다.

"곧바로 말해 주면 비밀이 아니지."

사서 선생님이 싱긋 웃었다.

쉬운 일기 쓰기부터 시작해 볼까?

생활 일기

"오늘 밥 먹고 학교에 왔어요. 그게 끝이에요!"

동우는 일기장을 펴고 천장만 멍하니 바라봤다.

"참 한 가지 더 있어요. 어젯밤에 매운 치킨을 먹어서 새벽부터 아침까지 계속 설사를 했어요. 설사가 폭포처럼 쏟아졌어요."

"그럼 그걸 쓰면 되겠네."

사서 선생님이 활짝 웃었다.

"예? 똥 눈 걸 일기로 쓰라고요?"

"당연하지. 새벽에 배가 아파 계속 설사를 했다. 밤에 매운 치킨을 먹어서 그런 거 같다. 이렇게 쓰면 되지. 동우 네가 생각하거나 느낀 점도 있지? 너무 매운 건 먹지 말아야 한다, 특히 밤에 매운 걸 먹지 말아야겠다, 이런 걸 같이 쓰면 돼. 어떻게 매일매일 특별한 일이 생길 수 있겠니? 그렇지 않은 날이 더 많은데. 특별한 것만 골라서 일기를 쓰려고 하니까 쓸 게 없는 거야."

"그럼 당장 쓸게요."

> 나는 오늘 설사를 했다. 밤에 매운 치킨을 먹어서다. 그래서 나는 새벽에 배가 엄청 아팠다. 나는 새벽부터 아침까지 계속 설사를 했다.

동우는 여기까지 쓰고 뿌듯한 표정을 지었다.

"있었던 일을 쓴 다음에는 생각과 느낌도 적어 봐. 또 '오늘은', '나는' 같은 말은 자꾸 쓰지 않는 게 좋아. 일기는 원래 오늘 일을 쓰는 거고 일기의 주인공은 나니까

굳이 쓸 필요가 없단다."

사서 선생님은 동우 일기의 고칠 점을 짚어 주었다.

"좋아요. 그럼 다시 써 볼게요."

동우는 의자를 끌어당긴 뒤 바르게 앉아 연필을 꼭 쥐었다.

동우의 일기

날짜: 9월 20일 화요일

날씨: 맑다가 설사처럼 비가 좍좍 쏟아진 날

제목: 계속 설사한 날

새벽에 배가 아파서 일어났다. 변기에 앉자마자 설사가 쏟아졌다. 설사 쏟아지는 소리가 꼭 폭포 쏟아지는 소리 같았다. 변기 안을 들여다보니 빨간색과 초록색 설사가 마구마구 섞여 있었다. 화장실을 열 번도 넘게 들락날락했다.

배가 왜 아픈지 설사를 왜 하는지 생각했다. 어젯밤에 매운 치킨을 먹어서 그런 거 같다. 엄마는 밤에 먹지 말고 다음 날 먹으라고 했는데 내가 엄마 말을 듣지 않았다. 앞으로는 자기 직전에 매운 걸 먹지 말아야겠다. 자기 전에 뭘 먹는 건 좋지 않다는 엄마 말을 들을걸 후회가 되었다.

"와! 동우 정말 잘 썼네. 일기는 이렇게 쓰면 되는 거야. 꼭 특별한 일만 써야 하는 건 아니란다. 밥 먹고 똥 누고 학교 가는 게 매일 똑같다고 생각할 수 있지만 그 속에서 아주 작은 일도 쓸거리가 되는 거야."

사서 선생님이 동우를 칭찬했다. 동우 어깨가 으쓱 올라갔다.

"성민이는 어떤 일이 있었어?"

"보라랑 아침부터 싸웠어요. 보라와는 매일 싸우니까 특별한 일은 아니지만 그래도 화가 나서 기억에 남아요. 그럼 이걸로 일기를 써 볼까요?"

보라 생각을 하자 갑자기 속이 부글부글 끓었다.

나는 오늘 학교 가는 길에 보라와 싸웠다. 내가 엘리베이터를 타려고 하는데 보라가 기다려 주지 않았다. 나는 화가 나서 보라를 발로 찼다.

"이런. 친구를 발로 차서 친구가 아팠겠다."

사서 선생님은 눈을 동그랗게 뜨며 말했다.

"그리고 성민이도 '나는', '오늘' 이건 빼야겠다. 다시 기억에 남는 일을 솔직히 쓰고 마지막에 성민이 생각을 덧붙여 보자."

성민이의 일기

날짜: 9월 20일 화요일

날씨: 비가 오락가락

제목: 보라와 다투다

아침에 학교에 가려고 집에서 나오니 보라가 엘리베이터에 타 있었다. 내가 타려고 하는데 엘리베이터 문이 닫히려고 했다. 기다려 달라고 소리쳤지만 보라는 못 들은 척했다. 열림 버튼만 누르면 되는데 그냥 갔다.

화가 나서 계단으로 뛰어 내려갔더니 보라는 벌써 저만큼 가고 있었다. 그 모습이 하도 얄미워서 보라한테 뛰어가 발로 찼다. 그 바람에 보라가 넘어져서 옷에 흙탕물이 좀 묻었다. 그걸 보니까 발로 찬 게 좀 후회되었다. 보라가 먼저 잘못하긴 했지만 그래도 발로 찬 건 잘못한 거다. 미안하기도 했다.

"성민이도 느낌을 아주 잘 썼구나. 성민이도 후회했으니까 앞으로 친구를 발로 차면 안 돼. 알았지?"

사서 선생님이 말했다. 친구와 싸운 일기를 썼는데 칭찬을 받으니 기분이 좀 이상했지만 그래도 좋았다.

조금 색다른 일기를 써 볼까?

오늘도 나와 동우는 수업이 끝나자마자 도서관으로 달려갔다.

"성민이랑 동우는 그림 잘 그리니?"

사서 선생님이 물었다.

"네. 제 꿈 중에 하나가 화가 되는 거예요."

나는 큰소리쳤다. 이 말은 사실이다. 나는 그림 그리는 걸 좋아하기도 하고 잘 그리기도 한다.

"그래? 그럼 그림일기를 아주 잘 쓸 수 있겠다. 오늘은 그림일기를 한번 써 볼까?"

"그림일기요? 그건 유치원 다니는 꼬마들이나 1학년이 쓰는 일기 아닌가요?"

동우가 두 손을 마구 내저었다.

"꼭 그런 건 아니야. 그림으로 뭔가를 표현하는 건 어른들도 하는 거란다. 그림으로도 오늘 있었던 일과 생각, 느낌을 생생하게 표현할 수 있지. 나만의 그림책을 만든다고 생각하고 해 보자."

"나만의 그림책이요? 와, 멋지다."

나와 동우는 약속이나 한 듯 동시에 손뼉을 쳤다.

그림일기

그림일기는?

그림을 그리고 글도 함께 쓰는 일기예요. 그림일기는 글로 나타내기 어려운 장면을 표현할 수 있어서 좋아요.

이렇게 써요!

하루 동안 겪은 일을 생각해 보고 기억에 남는 장면을 그림으로 그려요. 그리고 그림에 어울리는 내용을 글로 써요. 기분이나 느낌을 그림으로 표현하면 더 재미있는 일기가 될 수 있어요.

성민이의 그림일기

날짜: 9월 21일 수요일

날씨: 하늘이 바다처럼 푸른 날

제목: 물과 기름 같은 보라와 나

오늘 아침에도 엘리베이터를 타려는데 아깝게 문이 닫혔다. 역시나 보라가 타고 있었다. 열림 버튼을 누르지 않는 보라 얼굴이 얄미운 4566세 먹은 마녀 같았다. 그래서 또 학교에서 보라와 싸우고 말았다. 머리카락을 잡아 당겼더니 보라는 내 등을 때렸다. 보라가 먼저 잘못했는데 싸워서 둘 다 선생님께 야단맞았다.

억울하다. 더는 보라와 싸우기 싫다. 우리는 왜 자꾸 싸우게 되나 모르겠다.

"그럼도 마음을 잘 표현했고 글도 아주 잘 썼어."

사서 선생님이 칭찬했다. 친구와 싸운 일기로 자꾸 칭찬을 받으니까 기분도 자꾸 이상해졌다.

"이제 색다른 일기를 써 볼까?"

"색다른 일기요?"

"그래, 뉴스 일기."

뉴스 일기

뉴스 일기는?

기사나 뉴스를 보고 내 생각과 의견을 적는 일기예요. 뉴스 일기를 쓰면 주변 일에 관심을 두게 되고 사회에 대한 배경지식이 넓어져요.

이렇게 써요!

관심이 가는 기사를 찾아 읽거나 뉴스를 봐요. 내용을 간추려 쓰고 그와 관련된 경험, 주변 이야기, 내 생각을 함께 적어요.

날짜: 9월 23일 금요일

날씨: 완전 더움

제목: 기후 변화

일주일만 지나면 9월 말이다. 이쯤이면 가을이고 날씨도 시원해져야 한다. 그런데 날씨가 이상하다. 며칠 동안은 시원해지는 것 같더니 다시 한여름처럼 덥다. 오늘은 기온이 30도가 넘었다.

뉴스를 봤더니 지금 전 세계는 기후 변화를 겪고 있다고 한다. 먼 옛날 급격한 기후 변화로 공룡이 멸종했는데 어쩌면 다시 비슷한 일이 발생할 수도 있다고 한다. 지구에 살고 있는 생명체가 멸종한다고 생각하니까 무서웠다.

지구의 평균 기온이 올라가고 남극의 빙하는 계속 녹고 있다. 그래서 북극곰들도 위기에 처했다. 텔레비전에서 북극곰을 보고 많이 슬펐다.

빙하가 녹으면 바닷물의 양이 많아진다고 한다. 기온이 올라가면서 해수면도 점점 높아지고 많은 섬들이 물에 잠기고 있다고 한다.

기후 변화는 전 국가의 일이기 때문에 서로 협력해서 잘 헤쳐 나가야 한다.

엄마는 봄 여름 가을 겨울, 사계절이 뚜렷했던 옛날이 그립다고 했다. 그때는 9월에 30도가 넘는 날씨는 상상도 못했다고 한다.

더운 건 싫다. 기후 변화에 대처하는 방법 중에 내가 해야 할 일은 뭐가 있을지 생각해 봐야겠다.

독서 감상문 쓰기

"흥."

나는 보라 옆을 지나가며 콧방귀를 뀌었다. 나도 이제 일기 쓰기에 자신감이 생겼다. 좀 있으면 다른 글쓰기도 잘할 수 있을 거 같아 자신감이 뿜뿜 솟았다. 잘난 척하는 보라 코를 납작하게 해 줄 수 있다는 말이다.

"여러분, 보라가 이번에는 독서 감상문 쓰기로 상을 받게 되었어요."

교실로 들어온 선생님이 상장을 높이 들고 흔들었다.

"치, 더 잘난 척하게 생겼네."

앞날이 캄캄해졌다. 보라가 잘난 척하는 걸 보는 게 세상에서 제일 싫다.

"진짜 그러게 생겼어."

동우도 내 말에 맞장구쳤다.

"이제 성민이 너랑 나랑 일기는 잘 쓰게 되었잖아? 칭찬도 받고 말이야. 사서 선생님께 이제 독서 감상문 쓰는 걸 가르쳐 달라고 하자."

동우가 말했다. 아주 좋은 생각이었다. 사서 선생님이 그랬었다. 일기를 잘 쓰게 되면 다른 글쓰기도 잘하게 될 거라고.

"독서 감상문?"

나와 동우 말을 들은 사서 선생님은 눈을 동그랗게 떴다.

"이제 글쓰기가 재미있어지나 보네? 아주 좋은 일이야. 독서 감상문 쓰기를 어려워 하는 친구들이 많은데 알고 보면 별거 아니야."

사서 선생님은 별거 아니라고 말하면서 어깨를 으쓱 올렸다. 나는 책 읽는 것도 별로 안 좋아하지만 독서 감상문 쓰는 건 더 싫어한다. 하지만 사서 선생님과 함께

하면 뭐든 잘할 수 있을 거 같았다. 지구라도 들어 올릴 수 있을 거 같았다.

"이 책을 읽으면 어떨까."

사서 선생님이 책을 골라 주었다.

"이순신 장군과 거북선에 대한 책이야."

사서 선생님 말에 정신이 번쩍 들었다. 내 꿈은 거북선과 함께 나라를 지킨 이순신 장군처럼 훌륭한 사람이 되는 거다. 어쩜 나에게 딱 맞는 책을! 사서 선생님과 마음이 통하는 거 같아 기분이 좋았다.

"독서 감상문이라고 해서 어렵게 생각하지 마. 책을 읽은 다음 생각과 느낌을 자유롭게 쓰면 되거든. 일기와 같다고 생각하면 돼."

"우리 엄마는 독서 감상문을 형식에 맞게 쓰라고 말씀하세요. 책을 읽게 된 이유, 내용, 느낀 점, 이렇게 차례대로요. 형식에 맞게 쓰라고 하면 괜히 쓰기 싫어져요. 자유롭게 쓰라고 하면 쓸 수 있을 거 같아요."

내가 하고 싶은 말을 동우가 했다.

독서 감상문

독서 감상문은?

책을 읽고 나서 자신이 깨달은 점이나 느낌, 생각 등을 쓴 글이에요.

이렇게 써요!

기억에 남는 장면을 쓰고 그 장면이 왜 기억에 남는지 이유를 쓰거나 줄거리를 간추리고 내 생각과 느낌을 적어요. 주인공과 나를 비교해 보거나 지은이의 생각과 내 생각을 비교하며 느낀 점을 써도 좋아요.

성민이의 독서 감상문

책을 읽은 날: 9월 26일 월요일

제목: 조선을 지켜라, 거북선

학교 도서관에 갔더니 사서 선생님께서 '조선을 지켜라, 거북선'이라는 책을 추천해 주셨다. 처음에는 책이 두꺼워 보여서 겁 먹었는데 읽어 보니까 책장이 술술 잘 넘어갔다. 아주 재미있고 흥미로웠다.
원래 나는 이순신 장군을 존경한다. 조선 시대에 일본군이 쳐들어왔을 때 이순신 장군은 바다에서 용감하게 일본군을 무찔렀다. 또 전술을 잘 짜고 부하들을 잘 이끌었다. 이 전쟁의 이름이 '임진왜란'인데 이순신 장군이 맹활약한 걸로 유명하다.

일본군들은 철갑으로 만든 거북선을 보고 벌벌 떨었다. 왜냐하면 총이나 화살을 쏴도 거북선은 꿈쩍도 하지 않았기 때문이다. 또 거북선은 대포도 쏠 수 있었다. 포탄이 터져 나올 때 일본군들이 놀라 벌벌 떠는 장면에서는 신나서 소리를 지를 뻔했다. 그런 거 처음 봤지? 그러게 왜 남의 나라에 쳐들어와? 이러고 따끔하게 혼내주고도 싶었다.
나도 이순신 장군의 용감한 자세를 닮고 싶다. 책은 재미없는 줄만 알았는데 그게 아니었다. 앞으로 책과 친하게 지내고 싶다.

"어머. 정말 잘 썼다."

사서 선생님이 내 독서 감상문을 보고 감탄했다. 내가 쓴 글을 보고 누군가 감탄하다니! 믿을 수 없는 일이었다. 나는 하늘을 훨훨 나는 기분이 어떤 건지 알 수 있었다.

"독서 감상문을 인터뷰 글로 쓸 수도 있어."

"인터뷰요? 누구를 만나서 인터뷰해요?"

"책 속의 주인공이나 등장인물, 책을 쓴 작가님을 만나서 인터뷰하는 거지."

"와. 독서 감상문을 그렇게 써도 되는 거예요? 재미있겠어요."

"당연히 그렇게 써도 되지. 동시로 독서 감상문을 쓰기도 하는걸. 그림이나 만화로 표현하기도 해. 독서 감상문 쓰기는 지루하고 재미없는 게 아니라 아주 재미있는 거란다."

인터뷰 독서 감상문 쓰기

이렇게 써요!

책 속 인물 중에서 인터뷰할 상대를 정한 다음 여러 자료를 토대로 어떤 질문을 할지 생각해서 적어요. 그리고 상대가 대답할 내용을 책 속에서 찾아 적어요.

성민이의 인터뷰 독서 감상문

책을 읽은 날: 9월 26일 월요일

제목: 조선을 지켜라, 거북선

성민: 오늘은 아주아주 훌륭하신 분을 인터뷰해 보겠습니다. 전 국민이 다 알고 있는 대단한 분이신데요. 바로 조선 시대 거북선이라는 철갑선을 만들어 나라를 지킨 이순신 장군이십니다. 안녕하세요, 장군님.

이순신 장군: 예, 안녕하십니까, 반갑습니다.

성민: 다른 이들에게 모함을 받고 위험에 빠졌을 때

기분은 어떠셨나요?

이순신 장군: 내가 위험에 빠진 것보다 더 걱정되는 건 나라였습니다. 어떻게 하면 나라를 위험에서 건져 낼 수 있을지 오직 그 생각 뿐이었지요.

성민: 대단하십니다. 저 같으면 나라보다 저를 먼저 생각했을 거 같은데요. 무섭고 힘들잖아요. 그런데 거북선 같은 철갑선은 어떻게 생각하셨어요?

이순신 장군: 수군은 바다에서 싸우는 군인입니다. 어떻게 하면 바다의 최강이 될 수 있을지 연구하고 고민했지요. 그 결과 태어나게 된 게 바로 거북선입니다. 바다에서는 천하무적이라고 할 수 있지요.

성민: 아무리 장군이지만 총탄과 화살이 날아다니면 무섭지 않나요? 저 같으면 완전 무서웠을 거 같아요.

이순신 장군: 당시에는 전혀 무섭다는 생각이 들지 않았어요. 오직 적군을 무찌르겠다는 생각만 가득했지요.

성민: 1598년 11월 노량해전에서 전사하시잖아요? 그

런데 그때 "나의 죽음을 알리지 말라"는 명언을 남기셨는데 왜 그러셨어요?

이순신 장군: 전투가 끝나기 전에 내 죽음이 알려지면 우리 군인들은 우왕좌왕할 수도 있고 적군은 힘을 얻을 수도 있어서 그랬지요.

성민: 제가 총탄에 맞았으면 의원을 불러라, 어서 수술을 해라, 이랬을 텐데 이순신 장군님은 그러지 않으셨습니다. 그래서 제가 더 존경합니다.

오늘은 이순신 장군님을 모셔서 인터뷰해 봤습니다. 이순신 장군님께 다시 한 번 감사 드리며 인터뷰를 마치도록 하겠습니다.

동시 독서 감상문 쓰기

이렇게 써요!

책을 읽고 느낀 점을 자유롭게 써요. 노래를 부르듯 리듬감을 살리고 소리와 모양을 흉내 내는 말을 넣어 주면 더 실감나요.

동우의 동시 독서 감상문

날짜: 9월 26일 월요일

제목: 조선을 지켜라, 거북선

덤벼라!

다 덤벼라!

하나도 무섭지 않다!

바다의 최강 거북선 나가신다

이순신 장군

거북선 만들어 조선을 지켰다

쌩쌩 날아오는 총탄도

휙휙 날아오는 화살도

펑! 거북선 대포로 물리쳤다

나라를 사랑하는 이순신 장군

나라 지킨 바다의 최강 거북선

나도 이순신 장군을 닮고 싶다

"이러다 성민이와 동우는 독서 감상문의 최강이 되겠다."

"바다의 최강 거북선처럼요?"

사서 선생님 말에 나는 맞장구를 쳤다. 나와 동우 그리고 사서 선생님은 서로 마주 보고 웃었다.

사서 선생님은 만화(그림) 독서 감상문에도 도전해 보자고 했다.

"그림이라면 더 잘할 수 있어요."

그림 그리기는 자신 있었다. 사서 선생님은 책을 읽고 나서 가장 기억에 남거나 인상적인 장면을 그리면 좋다고 했다.

만화 독서 감상문

"그림도 이야기 순서대로 그리면 더 좋겠지? 만약 용감한 이순신 장군의 모습을 그리고 싶다고 하면 말이야. 이순신 장군이 거북선을 타고 바다에 나가는 장면, 용감하게 싸우는 장면, 승리하는 장면, 죽기 전에 부하들에게 이야기하는 장면을 이야기 순서대로 그리면 훌륭한 독서 감상문이 될 거야."

도서관에서 나오는데 뿌듯했다. 뿌듯해서인지 가슴도 쫙 펴졌다. 자신감도 솟았다. 뭐든 잘할 수 있을 거 같았다.

아파트 상가 앞에서 보라를 만났다. 보라는 나를 아래위로 훑어봤다.

"왜 실실 웃고 다녀?"

보라가 말했다. 내가 실실 웃었다고?

"뭐 좋은 일 있냐?"

보라가 물었다.

"그래, 좋은 일 있다. 왜?"

나는 큰 소리로 말했다. 내 목소리가 얼마나 큰지 내가 놀랄 정도였다.

"뭔데?"

보라 눈이 동그래졌다.

"비밀이다."

나는 획 돌아섰다.

"뭐지? 뭐야? 무슨 비밀? 아, 궁금해."

보라가 뒤에서 중얼거렸다.

나는 집에 오자마자 일기를 썼다. 일기를 쓰고 싶어

서 저녁까지 기다릴 수가 없었다.

날짜: 9월 26일 월요일

날씨: 아침저녁에는 바람이 살랑살랑,

낮은 아직 더움

제목: 보라를 약 올린 날

일기를 쓰는데 웃음이 자꾸 난다.

이제 독서 감상문은 자신 있다. 나도 모르게 실실 웃을 정도다. 보라가 궁금해 해서 좋은 일이 있다고 했다. 비밀이라고 했다. 보라가 궁금하다니까 아주 고소했다. 보라가 궁금해서 잠도 못 잤으면 좋겠다.

마음을 전하는 글, 편지 쓰기

"잠깐!"

엘리베이터 문이 닫히는 순간 소리쳤더니 순순히 문이 열렸다. 보라가 열림 버튼을 눌러준 거다. 보라 어깨가 웬일로 축 늘어졌다. 엘리베이터에서 내려서도 고개를 푹 숙이고 걸어갔다.

'아침밥을 안 먹었나?'

나는 보라에게서 한참 떨어져 걸어가며 이렇게 생각했다.

"성민아."

교실로 들어서는데 동우가 부리나케 달려왔다.

"우히히히히히."

동우는 내 귀에 대고 무슨 말을 하려다 웃음을 터뜨렸다. 무슨 좋은 일이 있는 모양이었다.

"보라가 편지 쓰기 대회에 나갔는데 일등은커녕 아예 상을 못 받았대. 아, 고소해. 성민이 너도 고소하지?"

"그래? 완전 고소하지. 아이고, 고소해라."

이 세상 모든 글쓰기 상이 보라 것은 아니다.

수업이 끝나고 나와 동우는 도서관으로 갔다. 그런데 보라가 도서관에 와 있었다.

"너무 속상해 하지 마. 상이 중요한 게 아니야."

사서 선생님이 보라를 위로했다. 그때 보라가 나와 동우를 바라봤다. 나와 동우를 본 보라는 당황한 거 같았다. 보라가 사서 선생님 귀에 대고 뭐라고 속삭였다.

"설마 우리 흉을 보는 건 아니겠지?"

동우가 내 귀에 대고 말했다.

"그렇게 하고 싶어?"

사서 선생님이 보라에게 물었다. 보라가 고개를 끄

덕였다. 나와 동우 흉을 본 건 아닌 거 같았다.

"아이고. 일기 쓰기가 왜 이렇게 쉬울까. 이러다 일기 쓰기 최강이 되겠네. 상도 받는 거 아닌가?"

동우가 그동안 쓴 일기장을 보라 옆에서 휘리릭 넘겼다.

"독서 감상문 쓰기는 더 쉽지. 나는 독서 감상문 쓰기의 최강이 되게 생겼어. 이러다 상을 받으면 어떻게 하지? 그럼 누가 아주아주 속상할 텐데."

나는 동우를 거들었다. 속상한 누구는 당연히 보라를 말하는 거다.

보라 귀가 붉게 달아올랐다. 보라는 콧구멍을 벌름

대며 식식거리더니 밖으로 나가 버렸다.

"바로 앞에서 그런 말을 하면 어떻게 하니? 보라가 많이 속상해 하잖아."

사서 선생님이 한숨을 쉬었다.

"우리는 보라 때문에 더 속상했었어요."

나는 입을 불룩 내밀었다.

"저도요."

동우도 말했다.

"속상해 봤으니까 더 잘 알겠네."

"뭐, 그야 그렇지요."

생각해 보니까 조금 심했던 거 같긴 하다. 보라 코앞에서 그러지 말아야 했다.

"하지만 보라가 먼저 그랬단 말이에요. 보라가 그러지 않았다면 저도 그러지 않았을 거예요."

"성민아, 동우야. 너희들 보라한테 할 말 많지? 그럼 오늘은 보라한테 편지 쓰기 한번 해 볼까?"

사서 선생님이 말했다.

"편지 쓰기요?"

나와 동우는 놀라서 말했다. 사서 선생님은 보라가 편지 쓰기 대회에서 상을 받지 못했다고 말했다.

"저희가 쓴 편지를 보라에게 보내려고요? 그건 좀 곤란해요. 보라와는 편지를 주고받을 정도로 친한 사이가 아니거든요."

"편지를 보내지 않아도 상관없어. 보라가 볼 수 없으면 더 솔직하게 마음을 표현할 수 있을 테니까. 보라에게 편지를 쓰는 것을 시작으로 편지 쓰기에 도전하는 거지. 자신의 마음을 전하는 글로 편지 쓰기가 최강이거든. 보라에게 쓴 편지를 보내지 않아도, 편지 쓰는 방법을 배우면 앞으로도 쓸 일이 많을 거야."

"에이, 마음을 전할 때는 전화를 해도 되고 문자를 보내도 되는데 힘들게 편지를 쓸 필요가 있어요?"

동우가 고개를 저었다.

"전화나 문자로 전할 수 없는 마음도 있어. 직접 말하기 곤란할 경우에 전화는 소용없잖아. 그리고 문자처럼 짧은 글로는 자신의 마음을 다 전달하기 힘들단다."

그때 동우가 슬금슬금 내게 다가왔다.

"우리가 보라보다 편지 쓰기를 잘할 수 있는 기회야. 상을 받을 수도 있다고."

동우가 속삭였다.

"좋아요."

나와 동우는 동시에 말했다.

편지 쓰기

편지란?

보고 싶은 사람이나 좋아하는 사람 또는 자신의 마음을 전하고 싶은 사람에게 쓰는 글이에요. 직접 말로 표현할 수 없는 마음, 짧은 글로 드러낼 수 없는 마음을 표현할 때 써요. 편지는 꼭 사람에게만 써야 하는 건 아니에요. 동물이나 동화 속 주인공 등 모두에게 쓸 수 있어요.

이렇게 써요!

편지를 받을 상대에게 내 진심이 전해질 수 있도록 솔직하게 하고 싶은 말을 적어요. 자신의 안부를 적거나 고마움, 미안함, 그리움 등 다양한 감정을 써서 마음을 표현해요.

동우의 편지

보라에게

보라야, 안녕? 나 동우야.

오늘 네 모습을 보고 사실 좀 기분이 좋았어. 까딱하면 훨훨 날아갈 뻔했어. 너도 글쓰기 대회에서 상을 못 받을 때가 있다니!

지난번에 보라 너한테 한심하다는 말을 들었을 때 나와 성민이는 진짜 슬펐어. 오늘 네 기분이 그때 나와 성민이 기분과 비슷할 거야.

아, 자꾸 약 올리는 말만 쓴 거 같아서 미안해.

보라 네가 글쓰기를 잘하는 건 사실이야. 나는 네가 글쓰기를 못하는 아이들을 무시하지 않았으면 좋겠어. 보라 너는 남을 무시하는 점만 고치면 다른 건 다 좋은 아이거든. 인기도 더 많아질 거야.

황보라! 한번 노력해 볼래? 나도 나의 안 좋은 점을 고치려고 노력할게. 그리고 우리 친하게 지내 보자. 같은 반 친구끼리 친하게 지내면 좋잖아.

그럼 안녕.

동우가

"동우의 마음이 잘 전달되는 편지구나. 동우의 마음이 잘 표현되어 있어. 동우는 보라를 얄밉다고 생각하기도 하지만 한편으로는 친하게 지내고 싶은 거지?"

사서 선생님이 동우에게 물었다.

"극. 맞아요."

동우가 뒷머리를 긁적이며 대답했다.

"직접 말로 하라고 하면 절대 못 할 말인데 편지를 쓰다 보니까 저도 모르게 이렇게 썼어요. 역시 편지는 마음을 전달하는 데 최강이에요. 솔직하게 쓰면 되니까 어렵지도 않고요. 그런데 보라는 왜 상을 받지 못했을까요? 이렇게 쉽게 쓸 수 있는데요."

"동우 네가 편지 쓰기 대회에 나간다면 상을 받을 수 있겠다."

"예? 아, 예. 그럴 수도 있을 거 같아요."

사서 선생님과 동우가 마주 보고 웃었다.

성민이의 편지

보라야. 나야, 성민이.

너에게 편지를 쓰는 건 처음이다. 직접 말로 할 수 없어서 편지로 쓰는 거야. 너랑 나랑은 마주 보면 싸움부터 시작하는 사이잖아? 그러니까 어떻게 마주 보고 말로 내 마음을 표현할 수가 있겠니?

나는 네가 엘리베이터를 탈 때 모른 척하고 그냥 가

버리지 않았으면 좋겠어. 그리고 너랑 나랑 우리 엄마 앞에 있을 때 네가 잘한 걸 자랑하지 않았으면 좋겠어. 비교 당하면 내가 아주 슬프거든. 그것만 빼면 보라 너는 참 좋은 아이야. 글쓰기는 물론이고 공부도 잘하고, 깔끔하고.

사실 나도 너랑 친하게 지내고 싶어. 너희 아빠랑 우리 아빠가 친한 친구인 거처럼. 그러면 같이 놀러가거나 외식을 하러 갔을 때 더 재미있을 거 같아.

너도 나한테 바라는 점이 있으면 답장해 줘. 그러면 나도 고치도록 노력할게.

답장해 줘.

성민이가

"음, 마음을 잘 전달했구나. 보라가 성민이와 동우 마음을 알았으면 좋겠다. 이 편지를 읽으면 알 수 있을 텐데."

사서 선생님이 우리가 쓴 편지를 보고 말했다.

일기 왕자 탄생하다

"선생님!"

나와 동우는 신이 나서 도서관 문을 활짝 열었다.

"일기를 아주아주 잘 썼다고 선생님께 칭찬 받았어요."

"지금까지 이렇게 일기를 잘 쓰는 아이는 없었대요."

나와 동우는 앞다퉈 말했다.

"지금까지 없었다고? 호호호. 대단한데?"

나와 동우 그리고 사서 선생님은 한참 동안 마주 보고 웃었다.

"그런데요, 선생님. 비밀이 있다고 하셨잖아요? 글

일기장
일기장

을 잘 쓰게 되면 알려 준다고 하셨는데 이제 알려 주셔도 되지 않아요? 뭔데요?"

동우가 물었다. 아참, 비밀이 있었지. 나는 깜박 잊고 있었다.

"무슨 비밀이냐면……."

사서 선생님은 목소리를 낮췄다.

"정말이요?"

사서 선생님 말에 나와 동우는 동시에 물었다.

"정말이지, 그럼."

어떻게 이런 일이 다 있을까. 보라와 사서 선생님이 친척이라니.

사서 선생님은 보라 엄마의 사촌 동생이라고 했다. 보라는 1학년 때 일기 쓰는 걸 가장 어려워했다고 한다. 보라의 1학년 때 선생님도 일기 쓰는 걸 아주 중요하게 생각해서 일기 숙제를 내줬는데 보라는 단 한 번도 숙제를 해 간 적이 없었다고 한다. 그러면서 매일 징징 울었다고 한다. 보라네와 친하게 지내면서도 그런 비밀을 알아채지 못했다니! 내가 눈치가 없는 편인가.

보라 엄마는 사서 선생님에게 보라가 일기는 물론이고 글쓰기를 잘할 수 있게 해 달라고 부탁했단다. 그 뒤로 보라는 매일매일 도서관에 와서 책도 읽고 사서 선생님과 일기도 같이 썼다고 한다. 보라는 그렇게 글쓰기를 다양하게 잘하게 된 거다. 아! 딱 하나, 편지 쓰기만 빼고. 보라는 편지 쓰기 대회에서는 상을 받지 못했으니까.

보라가 며칠 진 사시 선생님에게 편지 쓰는 법을 배우고 싶다고 했단다. 사서 선생님 귀에 대고 보라가 뭔가를 속삭이던 바로 그날이다.

갑자기 보라가 가깝게 느껴졌다. 보라와 나 그리고 동우는 사서 선생님께 글쓰는 법을 배운 제자니까.

"오늘부터 보라가 올 텐데……. 보라에게 너희들이 쓴 편지를 보여 줘도 될까?"

사서 선생님 말에 나와 동우는 동시에 눈이 동그래

졌다.

"그런 게 어딨어요? 보라가 안 읽을 거라고 생각해서 솔직하게 쓴 건데."

동우가 손을 내저었다.

"너무너무 잘 쓴 편지라 보라에게 자랑하고 싶기도 하고, 보라한테 답장을 받아도 좋을 거 같아서 그래. 싫다면 할 수 없지."

사서 선생님 말에 나는 곰곰이 생각했다. 보라 답장을 받고 싶다는 마음이 퐁퐁 솟았다.

"제 편지는 보여 주세요."

나는 사서 선생님에게 말했다.

"야, 그런 게 어디 있어? 너만 혼자 그러기야? 선생님, 제 것도 보여 주세요."

동우도 말했다.

그때 도서관 문이 드르륵 열리며 보라가 들어왔다.

"안녕!"

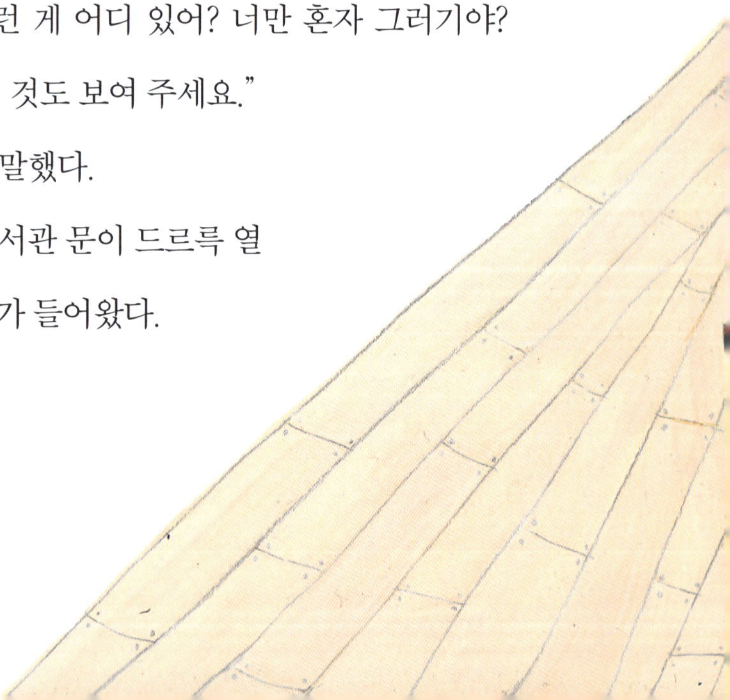

나도 모르게 손을 들고 인사했다. 조금 전에 교실에서 봤는데 무슨 인사람. 나랑 보라가 언제부터 이렇게 다정하게 인사하는 사이였다고. 나는 내 행동이 당황스러워 급하게 손을 내렸다. 그런데 보라도 손을 들고 인사했다.

"안녕!"

"풋."

동우가 웃음을 터뜨렸다. 나도 동우를 따라 웃었다. 그러자 보라도 웃었다.

"와하하하하."

도서관은 금세 웃음으로 가득 찼다.

꼭꼭 씹어 먹는 국어 ⑤ 다양한 글 맛있게 먹기_ 일기·편지·독서 감상문 쓰기

동화 작가 박현숙의 문해력 키우기

문해력 끌어올리는 핵심 노트!

일기

일기는 그날그날 겪은 일이나 생각, 느낌 등을 적는 개인의 기록이에요.

일기는 단순히 무슨 일이 있었는지 쓰는 게 아니라, 왜 그렇게 느꼈는지, 지금은 어떻게 생각하는지를 정리하는 글이에요. 그래서 일기는 가장 나다운 글이지요.

일기를 쓰면 잘못한 일을 반성하고 잘한 일을 되새길 수 있어요. 오늘 있었던 일을 나중에도 잘 기억할 수 있고요. 글쓰기 실력도 쑥쑥 자라게 해 주지요.

일기 쓸 때, 기억하기!

1. 날짜: 일기는 자신의 생활을 기록하는 글이에요. 기록에

는 날짜가 들어가야 나중에 봐도 언제 있었던 일인지 알 수 있어요. 조금 응용해도 좋아요. 예를 들면 날짜 옆에 내가 태어난지 며칠째인지 써 주는 거예요.

예 0월 0일 0요일(내가 태어난지 0000일째)

2. 날씨: 날씨는 일기 쓴 날을 더욱 생생하게 기억할 수 있도록 해 줘요. '맑음', '비'처럼 간단하게 쓰는 것보다 재미있고 자세하게 날씨를 표현해 보면 더 좋아요.

예 손이 꽁꽁! 발이 꽁꽁! /푹푹 찌는 찜통더위

3. 제목: 내용을 한눈에 알 수 있게 적어 줘요.

예 학원 가기 싫은 날/ 줄넘기 100개 성공!/ 엄마표 된장국 최고!

일기 종류도 여러 가지!

1. 생활 일기란?

오늘 있었던 일을 돌아보고 그때의 생각과 느낌을 솔직하게 쓰는 기본 일기예요. '오늘', '재미있었다' 같은 말을 반복하지 말고, 왜 재미있었는지 이유를 함께 적어 보세요.

2. 그림일기란?

그림을 그리고 글도 함께 쓰는 일기에요. 그림일기는 글로 나타내기 어려운 장면을 표현할 수 있어서 좋아요. 하루 동안 겪은 일을 생각해 보고 기억에 남는 장면을 그림으로 그려요. 장면 한 개만 그려도 충분해요. 그리고 그림에 어울리는 내용을 글로 써요. 기분이나 느낌을 그림으로 표현하면 재미있는 일기가 될 수 있어요.

3. 뉴스 일기란?

기사나 뉴스를 보고 내 생각과 의견을 적는 일기예요. 뉴스 일기를 쓰면 주변에 관심을 두게 되고 배경지식이 넓어져요. 기사나 뉴스 내용을 간추려 쓰고, 관련된 경험이나 주변 이야기, 내 생각을 함께 적어요.

편지

편지는 보고 싶은 사람, 좋아하는 사람, 마음을 전하고 싶은 사람에게 쓰는 글이에요.

말로 하기 어렵거나, 짧은 글로는 다 담기 힘든 마음을 표현할 때 좋아요. 사람뿐 아니라 동물, 동화 속 주인공에게도 쓸 수 있어요.

편지 쓰기의 기본 구성은?

- 받는 사람: ○○에게
- 인사말: 안녕? 잘 지냈어?
- 본문: 전하고 싶은 마음 2~3가지
  (고마움, 미안함, 응원, 부탁 등)
- 맺음말: 다음에 보자, 답장 기다릴게
- 보내는 사람: ○○가

독서 감상문

독서 감상문은 책을 읽고 나서 깨달은 점이나 느낌, 생각 등을 쓰는 글이에요.

쓰기 방법은 여러 가지예요. 기억에 남는 장면 쓰기, 줄거리 간추린 뒤 내 생각 쓰기, 주인공과 나를 비교해 보기, 지은이의 생각과 내 생각 비교하기 등 다양한 방법이 있어요.

독서 감상문! 다양하게 써 보세요.

1. 인터뷰 독서 감상문

책 속 인물이나 작가를 인터뷰하듯 질문하고 답을 적은 뒤, 내 감상과 깨달음을 덧붙인 감상문이에요. 책 속 인물 중에서 인터뷰할 상대를 정한 뒤 책에 나온 장면이나 대화, 사건을 근거로 질문하고 답을 적어 보세요. 주인공을 인터뷰하며 독서 감상문을 쓰면 책 속 인물과 더 가까워진 느낌이 들 거예요. 지은이와 인터뷰하는 독서 감상문은 책의 내용을 깊이 파악하는 데 도움이 된답니다. 내 생각과 느낀 점, 배울 점도 정리할 수 있어요.

2. 동시 독서 감상문

책을 읽고 난 뒤의 느낌과 생각을 동시로 표현한 감상문이에요. 노래를 부르듯 리듬감을 살려 의성어(소리)와 의태어(모양)를 넣어주면 더 실감나요. 동시 독서 감상문은 줄거리를 길게 쓰지 않고, 가장 마음에 남는 장면 하나를 골라 '내 마음'을 잘 보여 주는 게 중요해요. 마지막에는 배운 점이나 다짐도 적어 보세요.

3. 만화(그림) 독서 감상문

책을 읽고 기억에 남는 장면과 내 생각을 그림 또는 칸 만화로 표현하는 감상문이에요. 컷 만화를 그리면 자연스럽게 줄거리 요약이 될 거예요. 그림에 표정이나 몸짓으로 감정을 표현하고, 말풍선을 넣어 책 속 주인공의 인상적인 말도 적어 보세요. 만화(그림) 독서 감상문에 넣는 문장은 길지 않아도 된답니다.

질문 있어요!

Q 일기 숙제가 너무 싫어요. 매일 꼭 써야 하나요?

매일 쓸 필요는 없어요. 짧게, 꾸준히, 조금씩 늘리기가 핵심이에요! 날짜, 날씨, 제목만 적고 세 문장 쓰기로 짧게 시작해 보는 거예요. 오늘의 한 장면을 문장으로 쓰고, 그때의 느낌도 한 문장으로 적어요. 나의 생각과 다짐도 한 문장으로 덧붙이면 짧은 일기가 완성됩니다. 그래도 어렵다고요? 그렇다면 단어 세 개부터 시작해 보세요. '친구, 속상, 화해'라는 단어를 썼다면 '친구와 있었던 일은 속상했지만, 화해하고 싶다'라고 문장을 완성할 수 있을 거예요.

Q 그림일기는 유치한 거 아닌가요?

그림일기는 유치한 게 아니라 마음을 잘 보여 주는 글이에요. 이 책에서도 사서 선생님은 성민이의 그림일기를 보고 마음을 잘 표현했다고 말해요. 때로는 글보다 그림으로 표현한 장면이 더 정확하게 전달되기도 해요. 어른들도 그림으로 마음을 표현한답니다.

Q 뉴스 일기로 뭘 골라야 하나요?

내가 궁금한 뉴스라면 다 가능해요. '어려운 뉴스'가 아니라 '궁금한 뉴스'를 고르는 게 중요해요. 뉴스 일기는 기사나 뉴스를 보고 내 생각과 의견을 적는 일기니까요. 기사나 뉴스를 간추려서 쓸 때는, 가장 중요한 사실 한 개만 적어 보세요. 그 뒤에 내 경험과 주변 사람들의 이야기를 쓴 뒤 내 생각을 함께 쓰면 된답니다.

Q 편지는 꼭 보내야 하나요?

꼭 보내지 않아도 돼요. 직접 말하기 어려운 마음을 정리하는 것만으로도 의미가 있으니까요. 보이지 않는 상대에게 편지를 쓰면 더 솔직하게 쓸 수 있어요. 편지를 쓴 뒤에는 바로 전달하는 것보다, 하루 뒤 다시 읽고 빼도 되는 말과 꼭 해야 할 말을 정리하는 것도 좋아요. 편지를 자주 쓰면 실제로 말할 때 더 차분해진답니다.

Q 독서 감상문은 '형식'이 꼭 있어야 하나요?

독서 감상문 쓰기가 어려울 때, 형식은 많은 도움이 돼요. 줄거리를 요약하고 기억에 남는 장면을 쓴 뒤 이유와 생각을 정리하는 것은 중요하니까요. 하지만 인터뷰 독서 감상문, 동시 독서 감상문, 만화(그림) 독서 감상문을 통해서도 충분히 나의 생각을 정리할 수 있어요. 형식에 맞게 쓰라고 하면 괜히 쓰기 싫은 친구들이 있을 거예요. 내가 가장 잘 표현할 수 있는 독서 감상문은 어떤 게 있는지 재미있는 방식을 찾아 표현해 보세요.

실전 연습

1. 생활 일기, 세 문장으로 끝내 볼까요!

오늘 있었던 일을 생각해 보고, 세 문장으로만 써 보세요.

* 날짜:

* 날씨(자세히):

* 제목:

첫 문장: 무슨 일이 있었나요?

두 번째 문장: 그때 기분이 어땠나요?

(속상했다/답답했다/억울했다/미안했다/부끄러웠다/서운했다/찜찜했다/자랑스러웠다/기뻤다/즐거웠다/웃음이 났다/행복했다/의미 있었다/화가 났다 등)

세 번째 문장: 지금 생각은 어떤가요?

2. 그림일기로 내 마음을 보여 주세요.

오늘 있었던 일 중, 떠오르는 장면 하나를 생각해 보세요.

그 장면을 그려 보세요.

그림을 두 문장으로 설명해 보세요.

①

②

3. 뉴스 일기 쓰기도 즐거워요!

뉴스 일기는 뉴스를 보고 내 생각과 의견을 적는 일기예요.

뉴스 한 개를 고른 뒤, 내 의견을 적어 보세요.

내가 고른 뉴스 제목

____

① 뉴스 내용 두세 문장으로 간추리기

____

____

____

____

② 내 생각이나 의견 적기

의견 1: ______________________________

____

의견 2: ______________________________

4. 진짜 내 마음을 전달하려면, 편지 쓰기가 최고!

받는 사람: ________________ 에게

인사말: ____________________

____

(마음 1) 고마웠던 일: ____________________

____

(마음 2) 미안했던 일: ____________________

____

(마음 3) 앞으로 바라는 점이나 응원: ____________________

____

맺음말(답장, 약속, 다짐): ____________________

____

보내는 사람: ________________

5. 독서 감상문, 기본을 익히면 다 쉽다!

책 제목: ______________________

주인공: ______________

① 기억에 남는 장면은 무엇인가요?

____

____

② 왜 기억에 남았나요?

____

____

③ 그 장면을 통해 느낀 내 생각을 적어 보세요.

____

____

④ 내 경험과 비교해 보거나 다짐을 적어 보세요.

____

____

6. 인터뷰 독서 감상문을 써 볼까요.

인터뷰 독서 감상문은 질문을 먼저 만들고, 책 속에서 근거를 찾아 답을 적으면 돼요.

책 제목: ______________________

오늘의 인터뷰 주인공: ______________

질문 1.

____

____

답변

____

____

____

질문 2.

답변

질문 3.

답변

다양한 글을 맛있게 써 봤나요?

글은 읽는 것도 중요하지만, 직접 써 볼 때 문해력이 더 빨리 자라요. 왜냐하면 쓰기는 생각을 정리하고, 순서를 고르고, 정확한 말로 표현하는 연습이기 때문이에요.

일기, 편지, 독서 감상문을 직접 쓰며 다양한 글의 맛을 느껴 보세요! 짧게라도 솔직하게 이유를 써 보면 문해력은 확실히 올라갑니다.

문해력 끌어올리는 토론 활동!

토론 주제로 의견을 나눈 뒤, 앞에 나가 발표해 보세요.

주제 1. 일기 숙제는 필요할까요?

(찬성) 일기 숙제는 꼭 필요하다고 생각한다.

일기는 어떤 일이 있었는지 하루를 돌아보며 마음을 정리하고 감정을 조절할 수 있도록 돕는다. 덕분에 나와 상대방의 마음을 이해하고 나중에 더 나은 선택을 할 수 있다. 또한 일어난 일에 대한 느낌이나 생각, 다짐을 꾸준히 연습하게 되어 문장력과 표현력, 글의 구성력이 자연스럽게 자란다. 마지막으로 일기는 나의 시간과 생각이 쌓이는 기록이어서, 나중에 다시 읽으며 예전의 나와 지금의 나를 비교하고 성장한 모습을 확인할 수 있어서 좋다.

(반대) 일기 숙제는 필요하지 않다.

일기 쓰기가 도움이 될 수는 있지만 꼭 필요하다고 보기는 어렵다. 일기 쓰기가 의무가 된다면 부담이 되고 글쓰기 자신감이 떨어지거나 대충 쓸 수도 있기 때문이다. 또한 일기는 개인의 사생활과 감정이 담긴 글이기 때문에 솔직하게 쓰는 게 스트레스일 수 있다. 무엇보다 표현력과 문해력을 키우는 방법은 일기뿐만 아니라 편지 쓰기나 동시 쓰기, 독서 감상문 쓰기 등 다양하기 때문이다.

나는 (찬성 / 반대)이다.

왜냐하면 ____________________

____

____

____

____________________ 때문이다.

그러므로 나는 ____________________ 생각한다.

주제 2. 마음을 전할 때, 문자나 전화보다 '편지'가 더 좋을까요?

(찬성) 마음을 전할 때는 편지가 더 좋다.

마음을 전할 때는 문자나 전화보다 편지가 더 좋다고 생각한다. 편지는 보내기 전에 문장을 고르고 다듬을 시간이 있어, 정성된 마음을 잘 담을 수 있다. 또 편지는 기록으로 남기 때문에 시간이 지나도 다시 읽으며 위로와 힘을 얻을 수 있고, 고마움이나 응원의 마음도 오래 이어진다. 무엇보다 편지를 쓰는 과정에서 상대방이 어떻게 느낄지 한 번 더 생각하게 되어 표현이 부드러워지고, 상처 주는 말을 줄일 수 있다.

(반대) 문자나 전화가 더 좋다.

문자와 전화는 빠르게 전달할 수 있어 급한 상황이나 오해가 생겼을 때 즉시 해결할 수 있다. 특히 전화는 목소리의 톤과 말하는 방식이 함께 전달되어 진심이 잘 느껴지고, 글로 썼을 때 생길 수 있는 오해를 줄여

준다. 또한 편지는 쓰는 데 시간이 걸리고 글쓰기가 부담스러운 사람에게는 힘든 일이다. 받는 사람도 답장을 해야 한다는 부담을 줄 수 있고 전달 과정이 번거롭기 때문에 문자나 전화가 더 낫다.

나는 (찬성 / 반대)이다.

왜냐하면 ____________________

____

____

____

____________________ 때문이다.

그러므로 나는 ____________________ 생각한다

문해력 끌어올리는 독후 활동!

1. 내가 만약 보라네 앞집에 사는 성민이라면 어떤 기분이 들까요? 그런 기분이 드는 이유를 적어 보세요.

2. 성민이와 동우가 일기를 잘 쓰고 싶어서 찾아간 곳은 어디인가요? (15쪽 참고)

① 학교 도서관　② 서점　③ 학원

정답: (　　　　　)

정답 2 ①

3 일기를 쓰면 좋은 점을 적어 보세요. (21쪽 참고)

4 보라는 어떤 대회에서 상을 받지 못했나요? (56쪽 참고)

5 다음 중 '뉴스 일기'에 대한 설명으로 맞는 것을 고르세요.

① 오늘 있었던 일을 그림으로 그리는 일기

② 기사나 뉴스를 보고 내 생각과 의견을 적는 일기

③ 아이들이 말하는 새로운 소식을 적는 일기

정답: (   )

6 다음 빈칸을 채워 보세요. (43쪽 참고)

독서 감상문은 책을 읽고 나서 자신이 (　　　　　　　　)이나 (　　　　　　　　), (　　　　　　　　) 등을 쓰는 글이다.

정답: (　　　　　　　　,　　　　　　　　,　　　　　　　　)

7 독서 감상문을 쓰는 방법은 다양해요. 보기는 어떤 독서 독서 감상문에 대한 설명인지 적어 보세요. (46쪽 참고)

\- 보기 -

책 속 인물 중에서 인터뷰할 상대를 정한 다음 여러 자료를 토대로 어떤 질문을 할지 생각해서 적어요. 그리고 상대가 대답할 내용을 책 속에서 찾아 적어요.

정답: (　　　　　　　　　　　　　　　　)

정답 **4** 편지 쓰기 대회/ **5** ②/ **6** 깨달은 점, 느낌, 생각
7 인터뷰 독서 감상문

8 다음은 편지 쓰기에 대한 설명이에요. 괄호 안에 들어갈 말을 순서대로 적어 보세요. (61쪽 참고)

> 편지는 보고 싶은 사람이나 좋아하는 사람 또는 자신의 (   )을 전하고 싶은 사람에게 쓰는 글이에요. 직접 말로 표현할 수 없는 마음, 짧은 글로 드러낼 수 없는 마음을 표현할 때 써요. 편지는 꼭 사람에게만 써야 하는 건 아니에요. 동물이나 동화 속 주인공 등 (   ) 에게 쓸 수 있어요.
>
> 편지를 받을 상대에게 내 진심이 전해질 수 있도록 솔직하게 하고 싶은 말을 적어요. 자신의 안부를 적거나 (   ), (   ), (   )등 다양한 감정을 써서 마음을 표현해요.

정답:

9 성민이가 편지에 쓴 내용 중, "보라가 고치면 좋겠다"고 말한 점은 무엇인가요? (64~65쪽 참고)

⑩ 이야기의 마지막에 도서관이 '무엇'으로 가득 찼나요? (72쪽 참고)

⑪ 이 책을 읽고 가장 기억에 남는 장면이 있나요? 그 장면을 고른 이유를 적어 보세요.

기억 나는 장면

이유

정답 ❽ 마음, 모두, 고마움, 미안함, 그리움/ ❿ 웃음

12 독서 감상문 쓰기는 책을 내 것으로 만드는 방법이에요. 이 책 『다양한 글 맛있게 먹기』를 읽고 인터뷰 독서 감상문을 써 보세요.

① 인터뷰할 인물은 누구인가요?

② 오늘의 주인공에게 궁금한 점을 질문한 뒤, 책 속 내용에 근거해 대답해 보세요.

질문 1.

답변

질문 2.

답변

작가의 말

"글을 잘 쓰려면 어떻게 해야 하나요?"

강연 갈 때마다 빠지지 않고 받는 질문이에요. 누구나 글을 잘 쓰고 싶다는 뜻이겠죠. 하지만 여러분도 알고 있는 것처럼 글을 잘 쓰는 건 결코 쉬운 일이 아니에요. 머릿속에는 쓸 말이 가득한데 정작 글로는 한 줄도 못 쓰겠다는 친구도 있고 아예 뭘 써야 할지 머릿속이 텅 빈 거 같다는 친구도 있어요.

그런 친구들을 위해서 나온 책이 바로 『다양한 글 맛있게 먹기』예요.

자신의 마음을 표현하는 방법 중에 하나가 글쓰기예요. 사람의 마음은 아주 복잡해요. 기쁘고 화나고 슬픈 감정뿐만 아니라 많은 감정들이 있어요. 여러 감정이 하나로 묶인 복잡한 감정도 있고요. 그런 자신의 마음을 글로 잘 나타내서 누군가의 마음을 움직인다면 정말 멋진 일 아닌가요?

글을 잘 쓰기 위해서는 훈련이 필요해요. 어느 날 갑자기 글을 잘 쓸 수는 없는 일이거든요. 작가도 마찬가지랍니다.

'작가는 원래 글을 잘 쓸 거야.'

이렇게 생각하는 친구도 있을 거예요. 하지만 작가도 글을 잘 쓰기 위해 엄청난 노력을 한답니다. 쉬지 않고 쓰는 훈련을 해요. 이 책에는 내가 어떻게 훈련해서 작가가 되었는지 방법이 나와 있답니다.

초등학교 때 나는 일기를 꾸준히 썼어요. 책을 읽고 나면 간단하게라도 느낀 점을 기록하는 습관도 있었고요. 일기든 독서 감상문이든 누구에게 보여 주지 않은 나만의 기록이었기 때문에 형식은 중요하게 생각하지 않았어요. 내가 쓰고 싶은 대로 썼지요. 그 방법을 이 책에 써 놨어요.

내가 초등학교 다닐 때는 스마트폰이 없었기 때문에

누군가에게 할 말이 있으면 직접 말하거나 편지를 썼어요. 직접 말하기 곤란하거나 쑥스러우면 마음을 깊이 담아 편지를 썼어요. 그러면 신기하게도 관계가 좋아졌답니다.

글을 잘 쓰고 싶은 여러분!

다양한 글쓰기 방법이 여러분에게 도움이 되길 바랄게요.

동화 작가 박현숙

꼭꼭 씹어 먹는 국어

❺ 다양한 글 맛있게 먹기_ 일기·편지·독서 감상문 쓰기

초판 1쇄 인쇄일 | 2026년 1월 8일
초판 1쇄 발행일 | 2026년 1월 23일

지은이 | 박현숙
그린이 | 이영림
펴낸이 | 사태희
편 집 | 박선규 · 책임편집 | 정현주
디자인 | 김경미
마케팅 | 장민영
제 작 | 이승욱 이대성

펴낸곳 특별한서재
출판등록 제2021-000322호
주소 08505 서울특별시 금천구 가산디지털2로 101 한라원앤원타워 B동 1503호
전화 02-3273-7878
팩스 0505-832-0042
e-mail info@specialbooks.co.kr

ISBN | 979-11-6703-187-7 (73700)

특서주니어는 (주)특별한서재의 아동 브랜드입니다.